RONDES DE JEUNES FILLES EN UKRAINE.

# LA PETITE RUSSIE

## I

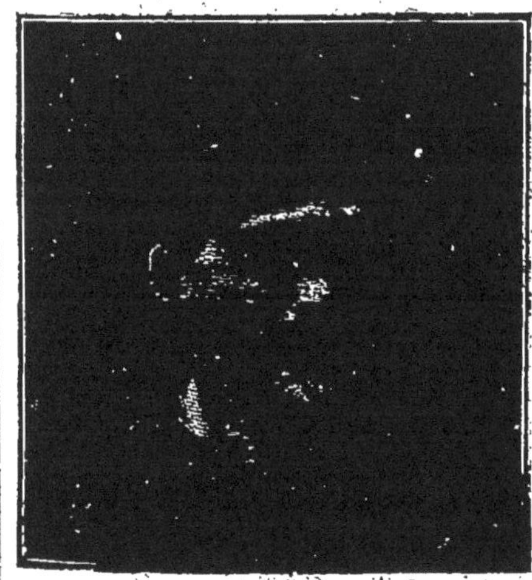

VICTOR TISSOT.

M. Victor Tissot, l'auteur des pages qu'on lira plus loin, est né en Suisse, à Fribourg, en 1845. Après de brillantes études universitaires commencées à Tubingue et achevées à Vienne, il vint à Paris en 1867, et collabora d'une manière assez active aux journaux et périodiques politiques et littéraires. Appelé ensuite à Genève, où il obtint une chaire de professeur, il prit, vers la même époque, la rédaction en chef de la *Gazette de Lausanne*, envoya de cette dernière ville à la *Revue contemporaine*, à la *Revue de France*, au *Contemporain*, des articles qui furent remarqués, publia un volume sur les Beaux-Arts en Suisse, un autre, *A la recherche du bonheur*, recueil de contes traduits de l'allemand, et revint se fixer à Paris en 1874. L'année suivante, il eut un succès retentissant avec le *Voyage au pays des milliards*, qui lui valut une véritable célébrité. Ces scènes humoristiques de la vie en Prusse, après le payement par la France de l'énorme indemnité de guerre, révélaient à la fois un pamphlétaire caustique, un historien documenté, un narrateur entraînant. Sa réussite lui dicta le genre où il pouvait mettre à profit toutes ces qualités. Il se consacra dès lors plus particulièrement à l'étude des mœurs allemandes, en étendant successivement son champ d'observations psychologiques et ethnographiques. De là toute une série de volumes, très remarqués, lus partout, et devenus bientôt populaires : les *Prussiens en Allemagne, Voyages aux pays annexés, Vienne et la vie viennoise, Russes et Allemands, la Russie et les Russes, la Hongrie de l'Adriatique au Danube*, etc. Par la vivacité du style, par la finesse des aperçus, par le relief des descriptions, la chaleur et le coloris du récit, les « impressions de voyage » de Victor Tissot frappent, saisissent, captivent. Il a le talent de faire voir, comme en un impeccable cinématographe, ce qu'il a vu lui-même, et d'ordinaire il voit bien, avec ce regard circulaire dont parle Hugo ; il voit juste et voit tout. Ses tableaux pris sur le vif ont un intérêt d'autant plus séduisant qu'ils sont éclairés par l'histoire et égayés par les incidents. Pour tout dire, Victor Tissot est un délicieux causeur, un voyageur avec qui l'on voudrait aller au bout du monde, certain d'avance qu'il n'est pas du monde où l'on s'ennuie. On en jugera par cette vue de Kiew que nous donnons ici et qui est une de ses meilleures compositions, pouvant rivaliser avec les plus estimées en cette manière et en ce domaine.

## II

De toutes les races qui font partie de l'empire russe, celle du sang le plus pur est, suivant Victor Tissot, le Petit Russien. Il passe pour le type du vrai Slave et du vrai Russe, descendant de Scythe, tandis que le Moscovite est croisé de Tchoude, de Kirgiz, de Tartare. Certains ethnographes refusent même d'admettre le type primitif du Grand Russe dans la famille européenne. Le Petit Russien ne lui ressemble pas. Svelte, élancé, la tête petite, les traits fins, il est en outre plus souple et plus agile que le Grand Russien. De son côté, la Petite Russienne, surtout la paysanne, a bien plus de grâce, de féminité, que la Grande Russienne, flegmatique et massive. Il y a dans la démarche de la Petite Russienne quelque chose de joyeux, d'ondulé, de serpentin ; elle a une tournure vive et printanière, pleine de cachet personnel, d'élégance native, de jeunesse et d'entrain. Au fond de son regard, il y a une mélancolie douce qui attire et sa voix a quelque chose de caressant, car la langue petite russienne est de tous les idiomes slaves celle qui a le plus de douceur. Et comme son costume est plus coquet, comme il a plus d'originalité et de couleur ! Par la coupe et la richesse des ornements, il se rapproche du costume si gracieux des paysannes roumaines de la Transylvanie. Autour du cou plusieurs rangs de colliers de corail retombent en rouge cascade jusque sur la poitrine ; autour de la taille, une espèce de tablier de laine tissée à la maison, et pour complément de cette toilette peu compliquée, une longue chemise toute chamarrée, d'où s'échappe, ronde et ferme, la jambe nue, chaussée, le dimanche et les jours de fête, d'une botte rouge ou noire, fièrement campée sur les talons.

La Petite Russie ou l'Ukraine comprend quatre gouvernements. C'est la région du Dniépr et de la Desna. Ses villes principales sont Kiew, qui a 176,040 habitants, Berditchev, qui en compte 94,824, Tchernigof

CARTE DE LA RUSSIE D'EUROPE.

(11,000), Néjin (30,000), puis Poltava (43,214), où eut lieu, en 1709, la terrible bataille qui décida du sort de la Suède.

*'T was after dread Poltava's day,*
*When fortune left the royal Swede,*
*Around a slaughtered army lay*
*No more to combat and to bleed.*

BYRON.

C'était le lendemain de la journée de Poltava, où la fortune abandonna le roi de Suède. La plaine était jonchée d'une armée massacrée, qui n'avait plus à combattre ni à répandre son sang (1).

Il ne faut pas oublier Krementchoug (59,928 habitants) près des cascatelles du Dniépr, et surtout Kharkov, ville d'Allemands et de Juifs (188,469 habitants), qui y sont attirés par les foires et les marchés célèbres.

Kiew est la cité sainte, l'ancienne capitale des princes Varègues, l'âme de l'Ukraine, comme on l'a appelée autrefois. Ville pittoresque, mystérieuse, religieuse, dans laquelle le lecteur va pénétrer (2).

Quant à l'Ukraine elle-même, qui ne la connaît aujourd'hui par ses événements historiques, par les souvenirs de ses steppes qu'ont chantés tous les poètes, par cette magique *Nuit de mai*, de Gogol (3), qu'on ne peut relire sans frissonner d'émotion?

Connaissez-vous la nuit de l'Ukraine? Oh! non, vous ne la connaissez pas, la nuit de l'Ukraine! Contemplez-la: du milieu du ciel, la lune regarde; la voûte du firmament, démesurément vaste, s'élargit et paraît encore plus profonde; elle s'embrase et aspire. La lune revêt un éclat d'argent, l'air est merveilleusement frais, et la brise qui souffle, pleine de moiteur. C'est une nuit divine, une nuit enchanteresse; les forêts, où rien ne bouge, sont imprégnées de senteur et, remplies de ténèbres, projettent de grandes ombres. Voyez ces étangs, nus et silencieux : leurs eaux sombres et froides sont tristement enfermées dans les murailles vert foncé des jardins. La petite forêt vierge de prunelle et de merisiers, avançant au devant leurs racines dans l'eau toute glacée, a, de temps en temps, comme des frissons d'indignation, quand le joli petit vent de la nuit se glisse vers elle à la dérobée et la caresse. Tout le paysage sommeille. Là-haut, tout respire, tout est merveilleux et solennel et l'âme s'ouvre à l'immensité, saisie de visions étranges, argentées, se levant gracieusement dans ses profondeurs. Nuit divine! nuit ravissante! nuit où tout s'anime : les forêts, les étangs, les steppes! Le rossignol de l'Ukraine fait entendre son trille majestueux et la lune semble s'arrêter pour l'écouter. Sur la colline, le village, comme fasciné, dort paisiblement, les huttes blanches brillent sous les rayons de la lune, et leurs murailles se découpent dans l'obscurité. Les chansons ont fait silence. Tout repose. Les gens pieux et braves sont déjà assoupis. Par endroits seulement une petite fenêtre demeure éclairée. Sur le seuil d'une cabane une famille attardée achève son repas du soir.

Gogol, l'immortel auteur des *Ames mortes*, de *Tarass Boulba*, du *Reviseur*, qui l'ont fait comparer à Cervantès, à Lesage et à Molière, était Petit Russien, et c'est la *Nuit de mai*, si poétique, si tendre, si alanguissante, avec son accent doux et triste, que chantent de préférence les jeunes filles de l'Ukraine, quand « la lune semble s'arrêter pour les écouter ».

Charles SIMOND.

(1) Ces vers se trouvent dans *Mazeppa*, le célèbre poème de lord Byron. On sait que Mazeppa, hetman (chef des cosaques de l'Ukraine), fut l'allié de Charles XII, roi de Suède, contre Pierre le Grand, tsar de Russie. Après la défaite de Poltava, il s'empoisonna.

(2) Les pages qu'on lira plus loin sont extraites de l'ouvrage intitulé : VICTOR TISSOT, *la Russie et les Russes* (Librairie Plon, Paris). Parmi les autres ouvrages importants publiés sur la Russie on peut citer le grand dictionnaire de Semenof en 5 volumes. (Saint-Pétersbourg, 1863-84). — MACKENSIE-WALLACE, *la Russie* (1879. 2 vol. Dreyfous). — DIXON. — BIANCARDI, *la Russia descritta ed illustrata* (Milan, 1876). — A. LEROY-BEAULIEU, *la Russie et les Russes*.

(3) Gogol, l'un des grands écrivains de la Russie, né en 1808, mort en 1852. Voir, sur Gogol, *le Roman russe*, par le vicomte E.-M. de VOGÜÉ. (Paris, Librairie Plon.)

VUE DE KIEW.

# L'UKRAINE — KIEW

## I

### LES TROIS MERVEILLES.

Kiew est bâti sur trois collines et se divise en trois villes distinctes. Il y a la ville moderne, dont la grande rue s'appelle le Krestchatik. La ville religieuse est sur le plateau de Petschersk, à côté de la forteresse. La ville industrielle et commerçante, le quartier des Juifs, se trouve au bord du fleuve et porte le nom de Podol. Si vous voulez embrasser tout Kiew d'un seul coup d'œil, prenez un droschki, faites-vous conduire sur la route de Moscou et revenez sur vos pas. Puis, allez voir Sainte-Sophie, la Porte d'Or et Saint-André, les trois principaux monuments de la ville.

Le marché est vite conclu avec un des nombreux cochers qui stationnent devant l'hôtel. Quelle bonne et excellente nature que celle de ces istvoschicks! Avec quel entrain et quelle gaieté ils vous répondent! Et comme leur douce et honnête figure s'épanouit dans un rire de belle humeur! On ne marchande que pour avoir le plaisir de faire briller leurs petits yeux en coulisse, de voir leurs lèvres s'entr'ouvrir sur leurs dents blanches, dans une mimique d'acteur. La police n'a pas eu besoin de leur imposer un tarif, et la libre concurrence met les courses en fiacre à peu près à la portée de tout le monde. Le Russe ne fait même pas son prix d'avance, il donne ce qui lui semble à peu près convenable. Quand l'istvoschick crie, — il ne crie jamais bien fort, et nos cochers parisiens pourraient recevoir des leçons de politesse des cochers russes, — on le laisse crier, personne ne s'attroupe autour de lui et ne fait attention à ses récriminations.....

Nous descendîmes vers le Dniépr, l'ancien Borysthène, que nous traversâmes sur le pont Nicolas, large de dix-sept mètres et long de deux verstes; puis, tournant bride, nous eûmes devant nous le splendide panorama de Kiew : à gauche, au-dessus des escarpements de la montagne plongeant ses pieds dans le fleuve, les clochers dorés, les dômes bleus du couvent de la Lawra de Petschersk, entouré de sa blanche ceinture de murailles crénelées; et un peu plus en arrière, comme embusquée, la forteresse aux tons fauves, accroupie dans une attitude de lionne. En face de nous, les maisons de la ville maritime et marchande semblaient sortir de l'eau comme une troupe de cygnes secouant leurs ailes humides, et, au-dessus, à la pointe de son rocher, Saint-André se dressait avec des airs de défi et de bataille, comme une citadelle de marbre et d'or, défendue par l'épée invisible des anges. La grande croix arborée sur sa coupole étincelait comme un présage et un symbole de victoire. A l'arrière-plan, encore toute une forêt de coupoles et de clochers montant, se croisant et s'enlevant en vigueur au-dessus des lignes dentelées des toits et des arbres, dans un ciel d'une douceur éblouissante, tout noyé d'azur.

Vue ainsi par une belle journée de soleil, au bord des flots bleus de son large fleuve, appuyée sur ses collines aux verdures caressantes, Kiew est une ville féerique, une ville de maisons roses au toit vert, de dômes d'or et de clochers d'argent, de palais rouges, de terrasses, de jardins d'une magnificence asiatique, d'une grâce inexprimable et voluptueuse.

Pendant que péniblement notre droschki gravit la dure montée, disons quelques mots sur l'origine de cette ville, qui fut la première des villes russes, la cité-mère. Kiew est une des seules villes de l'Empire où l'archéologue et l'historien rencontrent des ruines parlant du passé. Les restes de l'église Sainte-Irène, les vieux débris de la Porte d'Or témoignent d'une civilisation ancienne et magnifique comme l'était celle de Byzance.

Les plus anciens documents sur Kiew se trouvent dans Nestor, l'Hérodote slave (1). Les trois frères Kih, Schtsckek et Choriw seraient venus, d'après la légende, s'établir ici avec leur sœur, et

(1) Né à Kiew en 1066, se fit moine, et mourut sous la robe monacale vers 1300. La *Chronique dite de Nestor*, dit M. Louis Léger, est le document indigène le plus important pour l'histoire de Russie, depuis les origines jusqu'au commencement du douzième siècle. Elle n'est pas de Nestor, à qui on l'a attribuée erronément, mais d'un moine anonyme, qui a recueilli avec soin les récits des vieillards ou été lui-même témoin des faits qu'il raconte. M. Léger a publié une traduction française de la *Chronique dite de Nestor*. (Paris, Leroux, 1884). C'est un document des plus précieux. (C. S.)

l'aîné aurait donné son nom à la colonie. Askold et Dir, compagnons d'armes de Rurik, qui descendirent le Dniépr sur leur navire, en 864, ne trouvèrent en abordant à Kiew que quelques habitations disséminées sur les pentes broussailleuses de la montagne. Askold fut détrôné et tué par Igor, et à la mort de celui-ci, ce fut sa veuve, Olga, qui prit la régence. En 972, Wladimir monta sur le trône, fit précipiter les idoles dans le Dniépr et donner le baptême à son peuple (1).

Kiew, capitale du grand-duché du même nom et siège des métropolitains russes, devint, par son commerce avec Byzance, la première ville de la Russie dont le nom fut connu dans les deux parties du monde. L'invasion des Tartares porta un coup mortel à sa prospérité. Batou-Khan, qui avait entendu vanter la beauté et les richesses de Kiew, envoya contre elle un de ses lieutenants, accompagné d'un des petits-fils de Dschengis-Khan (2).

Ces hommes semblaient sortir de l'enfer. L'épouvante soufflait dès qu'au bout de la plaine on entendait le galop rapide de leurs petits chevaux. Ils brûlaient et massacraient en masse les habitants des villes; ils crucifiaient leurs victimes, leur fendaient le ventre, leur coupaient les bras, les jambes, les seins, les oreilles; ils écorchaient leurs ennemis vivants, enfonçaient des clous dans leurs chairs, les perçaient de flèches, enlevaient les religieuses, les femmes et les filles des princes, des boïards et des prêtres.

L'étonnement des barbares fut grand à la vue des gigantesques murailles blanches qui entouraient la ville et des innombrables églises aux coupoles et aux clochetons multicolores qui bariolaient le ciel. L'envoyé de Batou-Khan ordonna à un de ses chefs de pénétrer dans la place et d'en exiger la soumission, sous menace, en cas de résistance, d'être mise à feu et à sang. Pour toute réponse, les Kiewlins égorgèrent l'ambassadeur et jetèrent son cadavre dans le Dniépr.

Alors, de tous les points de l'horizon, de nouvelles hordes surgirent, battant les murs de Kiew de leurs flots désordonnés et sauvages. Des témoins racontent que les habitants pouvaient à peine s'entendre, tellement les Tartares criaient et tellement il y avait autour de la ville assiégée de chameaux qui mugissaient et de chevaux qui hennissaient. Le grand-duc Michel avait quitté la ville et en avait confié la défense au boïard Dimitri. Lorsqu'il ne resta plus des remparts pierre sur pierre, Dimitri, blessé, chercha avec ses compagnons un refuge dans l'église de la Dexiatine ou de

(1) Wladimir le Grand ou le Saint est le fondateur de l'Église catholique grecque en Russie. Il épousa Anna Romanovna. C'est en sa mémoire que Catherine II créa, en 1782, l'ordre de Saint-Wladimir. (C. S.)

(2) Dschengis-Khan, ou Timourdschi, le grand conquérant mongol, né en 1154, mort en 1226, s'empara de Yenkin (Pékin), capitale de la Chine, envahit le Turkestan, prit Boukhara, Samarcande, Chowaresm, et laissa ensuite à ses fils et petits-fils pour tâche d'achever ses conquêtes. (C. S.)

la Dîme (1). Pleins d'admiration pour son héroïsme, les Tartares lui accordèrent la vie sauve, mais Kiew et ses habitants furent traités avec la dernière rigueur. Pour échapper au massacre ils durent s'enfuir dans les forêts. Neuf ans plus tard, une partie de la population revint, s'établit de nouveau dans la ville abandonnée; et, après avoir été tour à tour dévastée et rançonnée par les Tartares, les Lithuaniens et les Polonais, Kiew fut réuni au royaume de Pologne. De nombreux privilèges accordés par les rois y ramenèrent la prospérité et le commerce.

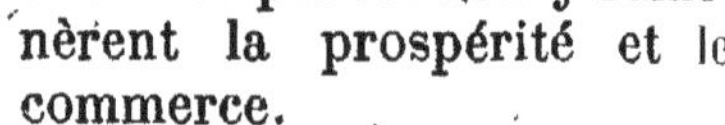

JUIF POLONAIS.

Enfin, après la soumission de la Petite Russie aux tsars, Kiew rentra, en 1668, sous la domination russe. Dans les premiers temps, la ville ne subit pas de sensibles modifications. Ce ne fut qu'après le terrible incendie de 1811 que l'on vit disparaître ces petites rues tortueuses et étroites, et s'élever de magnifiques constructions comme le palais impérial, qui donnent à Kiew un si grand air d'aristocratie et de noblesse. En 1834, l'université de Saint-Wladimir fut transférée de Wilna dans cette ville. Un pont suspendu et un pont de fer furent jetés sur le Dniépr, et l'achèvement de la voie ferrée entre Saint-Pétersbourg et la mer Noire donna à Kiew un essor considérable. Aujourd'hui, c'est une des places de commerce les plus importantes de l'Empire, c'est le grand entrepôt des marchandises allant de l'Orient dans l'intérieur de la Russie.

Mais nous voici au haut de la montée près de l'Hôtel de ville; nous continuons d'avancer dans le Krestchatik, puis nous tournons à droite et gravissons une nouvelle rampe au haut de laquelle se dressent les restes de la Porte d'Or, derniers débris du vieux Kiew, derniers vestiges de la splendeur du règne de Iaroslaw. Ces pans de murs en ruine, aux pierres effritées et roussies, soutenus

(1) Wladimir avait affecté à cette église le dixième de ses revenus.

par des arcs-boutants en brique et des barres de fer, ne sont intéressants que par les souvenirs qu'ils rappellent. La Porte d'Or a été détruite par les Tartares, qui deux fois incendièrent la capitale des Grands-Princes.

La légende raconte que la Porte d'Or aurait cependant été sauvée par un Samson slave, le chevalier Makaïlo, qui la transporta sur ses épaules jusqu'au sommet d'une montagne.

Nous prenons à droite et nous nous dirigeons par la Grande Wladimirskaïa vers Sainte-Sophie, rivale de la Sainte-Sophie de Constantinople, qui servit de modèle aux architectes kiewlins, à

LA PORTE D'OR, A KIEW.

peu près à la même époque où les Vénitiens en faisaient aussi une copie réduite, qu'ils appelèrent la basilique de Saint-Marc.

Dans un décor champêtre de beaux arbres, la vieille église badigeonnée à neuf dresse son campanile polychrome à quatre étages et arrondit les formes demi-sphériques de ses onze grandes et de ses cinq petites coupoles dorées.

Entrons. Sous la voûte du campanile, de vieilles marchandes d'objets de piété nous sollicitent de jeter un regard sur leur dévot étalage d'icones (1), de bogs (2), de croix, d'amulettes. Un trottoir en planches, passant à côté d'un puits à roue, nous conduit à tra-

(1) Images de piété.
(2) Images de Dieu.

vers la cour plantée d'arbres jusqu'au portail de la cathédrale, où se tiennent, en des poses tragiques ou piteuses, des mendiants au crâne bronzé et chauve, drapés dans une friperie lamentable.

Au premier pas qu'on fait dans la vieille église il semble qu'on pénètre dans une cathédrale gothique. Des ombres flottantes baignent le labyrinthe des colonnes et des lourds piliers, serrés comme des chênes dans une forêt antique. Du haut des coupoles tombe une chute de lumière fine et tamisée, douce et grise comme un commencement d'aube; et, au fond des ténèbres mystiques des chapelles, des lampes d'argent brillent comme des lis lumineux. Mais l'illusion se dissipe quand on avance et qu'on se trouve en face de l'iconostase (3) qui dresse à l'entrée du chœur sa haute paroi resplendissante de dorures et ornée de saints aux draperies de vermeil et d'argent en relief, debout dans leur raideur d'idoles. Au-dessus du sanctuaire se déploie sur la muraille cintrée de l'abside une mosaïque colossale aux fauves reflets d'or, exécutée par les artistes byzantins que le prince Iaroslaw appela de Constantinople pour décorer sa cathédrale. Que de patience, que d'habileté il a fallu pour rassembler ces petits cubes de verre, et former de leurs ingénieux cailloutis des tableaux et des figures humaines! Sous la voûte, la Vierge est représentée filant comme Marguerite. Ses grands yeux noirs regardent dans le vide, sans expression et sans pensée comme les yeux d'une image barbare. Les proportions énormes données au corps de la Vierge vont à l'encontre de toutes nos idées artistiques.

On ne se figure pas ainsi la blonde fiancée de l'ange, la douce mère qui se penchait comme une fleur sur la crèche où souriait le divin poupon, et qui, plus tard, poétisée par la légende, se leva sur le monde chrétien comme une chaste et bienveillante étoile, guidant les nautoniers et les pauvres pêcheurs. Cette madone byzantine de Sainte-Sophie a l'air sévère d'une matrone, elle est rigide et maigre, elle file comme une parque.

La Cène, également exécutée en mosaïque, nous montre aussi un Christ de grandeur surnaturelle, mais qui choque moins, car la représentation de Dieu ne peut se faire que par l'image d'un être souverainement grand et souverainement puissant. La personne du Christ se dédouble, suivant le point où l'on se place; d'un côté, il distribue aux apôtres son corps; de l'autre, son sang. Cette mosaïque sur fond d'or est fort belle et d'une admirable conservation. Malgré sa figure archaïque, le Christ a une majesté tranquille, une grandeur vraiment divine, d'une simplicité imposante.

Un sacristain nous ouvre une des portes latérales de l'icono-

(1) Sur la magnificence de ces iconostases, voir le beau travail de M. Alfred Rambaud : *Les monastères de la Russie* (*Revue politique et littéraire* du 30 août 1873).

stase et nous fait pénétrer dans le sanctuaire, que ne franchit jamais le pied d'une femme. La porte du milieu est spécialement réservée au Tsar, en sa qualité de chef suprême de l'Église, et au prêtre qui officie. Sculptée à jour, drapée d'un rideau qui se relève et s'abaisse, cette porte tantôt laisse voir le prêtre aux fidèles et tantôt le leur cache.

Sur l'autel qui sert à la célébration des mystères, resplendissaient des vases d'or, des chandeliers d'argent, des croix anciennes incrustées de pierreries, un vieux missel à la massive reliure d'argent et aux curieuses enluminures. Dans certaines églises, la sainte table est surmontée d'un dais, sous lequel est suspendue une colombe, symbole du Saint-Esprit. Derrière l'autel, un siège plus élevé, destiné au métropolitain; et, à gauche, sur une autre table, le pain et le vin nécessaires au sacrifice.

Des fresques à demi effacées apparaissent sur les murs du chœur que drapent quelques tapis turcs, anciens trophées de guerre.

Sainte-Sophie est peuplée de tombeaux et de chapelles. Devant le sarcophage du prince Iaroslaw, fondateur de l'église, trois Kosaks, sabre recourbé à la ceinture, pantalons à raies rouges dans les bottes, s'accrochaient des mains à la balustrade pour baiser le crâne du saint mort.

Iaroslaw est le Charlemagne du Nord. Sous le règne de ce prince, Kiew fut aussi florissant que l'était Byzance. Les artistes grecs décoraient les églises et les monuments de la capitale slave, les marchands l'enrichissaient : « La Russie de Kiew, a dit un historien, était plus européenne que ne le fut jamais la Russie d'avant le dix-huitième siècle. » Quatre cents églises, d'autres chroniqueurs disent sept cents, élevaient leurs clochers bulbeux couverts d'une semence d'étoiles, et leurs grands dômes d'or, derrière les hauts remparts denticulés de créneaux et hérissés de tours de la capitale princière. Iaroslaw avait fait venir de Byzance des chantres et des prêtres grecs pour instruire son clergé. Ce furent eux qui importèrent en Russie l'idée d'un gouvernement autocratique, calqué sur celui des empereurs byzantins, idée qui s'incarna plus tard dans la personne du Tsar, réunissant à la fois dans sa main le pouvoir spirituel et le pouvoir temporel, comme Auguste et le grand Constantin. Iaroslaw poussa si loin son zèle de néophyte, qu'il fit déterrer les ossements de ses ancêtres païens pour leur donner le baptême.

Nous montons aux tribunes par un escalier curieusement décoré de fresques étranges, et comme il n'en existe dans aucune autre église de Russie. Ces fresques, uniques dans leur genre, ont été découvertes en 1834; mais il semble aussi difficile d'en déterminer l'origine que d'en indiquer le sens. Ce sont des animaux chimériques qui fuient, qui gambadent, qui grimpent, des danseuses, des chariots d'hippodrome conduits par des cochers vêtus à l'antique, des acrobates qui donnent une représentation publique, des musiciens exécutant une sérénade, des cavaliers qui galopent, des perroquets qui prennent leur vol, des oiseaux de légende perchés sur des arbres en forme de tournesols, des arbalétriers, des joueurs de violon, un paysan armé d'une hache qui se défend contre un diable, des chasseurs qui tuent des ours et des dragons. Tous ces personnages portent le costume byzantin. On croit que cet escalier ne faisait pas partie de l'église, et appartenait à un château voisin habité par le prince Iaroslaw.

COCHER DE FIACRE, A KIEW.

Du haut des tribunes, on embrasse la majestueuse grandeur de la voûte revêtue de ses mosaïques se détachant sur un ciel d'or. Et l'œil se perd dans l'épaisse forêt de piliers et de colonnes qui remplit la nef.

Sur les murs de ces galeries voltigent des anges, symbolisés par une tête joufflue cravatée d'ailes longues et fines comme des ailes d'hirondelles.

Non loin de Sainte-Sophie, vis-à-vis, de l'autre côté de la place des tribunaux, nous voyons le couvent de Saint-Michel, aux murailles illustrées de fresques, élevant ses petites coupoles, ses quinze têtes d'or. C'est dans ce couvent qu'on conserve les reliques de sainte Barbe vénérées dans toute la Russie.

Des pèlerins accourent chaque année de toutes parts pour baiser les restes miraculeux de la sainte, pour acheter de l'eau bénite, de l'huile, des bagues que les moines consacrent sur ce tombeau. Le couvent de Saint-Michel a été construit sur l'ancien emplacement des autels élevés par Wladimir au dieu Péroun, le Jupiter slave, « à tête d'argent et à barbe d'or ».

Nous laissons derrière nous l'église de la Dexiatine, également bâtie par Wladimir, qui voulut perpétuer par là le souvenir des deux premiers missionnaires chrétiens qu'il avait fait tuer avant sa conversion.

La rue, en quelques minutes, nous conduit à l'église la plus jolie et la mieux située de Kiew : Saint-André. Ses clochers sveltes montent comme de légers fuseaux d'ivoire travaillés à jour, une rosace s'épanouit au-dessus de son portail, sa coupole a des inflexions gracieuses et élégantes, les chapiteaux de ses colonnes sont argentés et dorés; dans les frises, des pendentifs rococo la décorent. Ras-

L'ÉGLISE SAINT-ANDRÉ ET LE PODOL.

trelli a su mélanger dans ce bijou charmant, qui a la grâce un peu mièvre du dix-huitième siècle, l'art byzantin et l'art italien.

De la terrasse qui entoure la petite église, placée comme une vedette à l'extrémité de sa pointe de rocher, quelle vue superbe! quel admirable panorama!

Au-dessous de vous, la « ville au pied de la montagne », ou le Podol, jadis vaste prairie marécageuse où se promenaient les hérons et les cigognes, et qui a conservé de son origine primitive la dénomination de « rue de la Boue-Noire », étale la place de son grand marché avec sa maison des contrats (1), son bariolage de

(1) Chaque année, les propriétaires se réunissent dans cette maison pour renouveler leurs contrats. (V. T.)

foule et de boutiques; dans les rues, de longues files de camions et de chariots passent chargés de marchandises; aux arbres qui bordent le fleuve, aux clochers bulbeux et argentés des couvents, se mêlent les cheminées rouges de quelques fabriques. Des bateaux à vapeur, des barques à l'ancre, voiles carguées, stationnant dans le port de la ville industrielle et marchande, forment sous les jeux de l'ombre et de la lumière de petites marines d'un effet ravissant.

Le Dniépr roule à travers une contrée plate et dénudée la masse majestueuse de ses eaux, que des îles tachent de points noirs, et que de longs radeaux sillonnent. De l'autre côté du fleuve, les plaines jaunissantes du gouvernement de Tschernigow s'étendent à perte de vue, hérissées de petits bois, coupées de mares stagnantes.

Avant de rentrer à l'hôtel, nous nous fîmes conduire à la chapelle élevée à l'endroit où les douze fils de Wladimir furent baptisés. A la voix des apôtres chrétiens, une source d'eau miraculeuse jaillit du sol et depuis lors, dit-on, elle n'a jamais tari. En arrivant à Kiew, les pèlerins viennent y faire leurs abutions et boire à son onde sacrée. Une colonne de pierre ornée d'un petit bassin baptismal surmonte cette chapelle, dont les murs sont décorés de fresques représentant le baptême des habitants de Kiew. Femmes, enfants, vieillards, tous se plongent pêle-mêle et tout nus dans les flots du Dniépr.

## II

### LA VILLE RELIGIEUSE.

Le lendemain, par un doux soleil, j'allai visiter la ville religieuse, dont je n'avais vu que les hautes murailles se découper sur les falaises du Dniépr et les clochers arrondis briller comme des fruits d'or dans les sombres massifs des tilleuls et des chênes.

Un jeune peintre de beaucoup de talent, M. Boudkewitch, avait bien voulu m'accompagner.

Nous passons devant le club de la noblesse, installé dans une belle grande maison, qu'un riche Juif avait construite avec l'espoir de la transformer plus tard en synagogue; puis, grimpant une rampe raide, hérissée de cailloux pointus, nous arrivons au palais de l'Impératrice. Un jour, la Tsarine défunte exprima le désir de venir passer l'automne aux bords du Dniépr; aussitôt, comme par enchantement, ce palais, qu'elle n'a jamais habité, sortit de dessous terre pour la recevoir.

La partie de la ville que nous traversons s'appelle le *Lipki :* c'est le faubourg Saint-Germain de Kiew, le quartier de la noblesse à plusieurs quartiers, et le centre de cette aristocratie administrative qui se groupe, dans chaque ville russe, autour du palais du gouverneur général, dont le prestige et le pouvoir sont ceux d'un vice-roi. Des habitations charmantes, de ravissants petits hôtels bâtis en briques brunes aux reflets d'émail, dressent leurs façades sérieuses de bonne maison au milieu de verdures touffues qui les ombragent comme un nid.

Nous voici au sommet de la colline. Derrière nous, sur les pentes et les plateaux de deux autres collines, la nouvelle ville et la vieille ville étagent leurs terrasses, leurs jardins, leurs toits verts, leurs murs blancs et roses, leurs églises aux clochers d'argent et leurs grosses boules d'or. A gauche, le Dniépr balance toute une flottille d'embarcations; et, devant nous, d'un côté se dresse la citadelle, de l'autre la cité religieuse, les innombrables églises, les hauts campaniles du couvent de Saint-Nicolas et de la Lawra (1) de Petschersk.

Nous croisons quelques moines; les uns vont à pied, les autres en droschki. Quelques grands gaillards barbus et bien portants! Larges d'épaules, souples de taille, comme ils feraient de beaux sapeurs s'ils n'étaient de si beaux moines! Rien d'émacié, d'ascétique et d'austère dans leur figure impassible comme un masque de cire.

A mesure que nous avançons, nous entendons plus distinctement les cloches sonner. Leurs envolées joyeuses traversent le ciel comme une troupe d'oiseaux chanteurs. Dans la ville sainte il y a toujours des cloches qui sonnent. Elles sonnent et carillonnent pour appeler les fidèles à l'église, pour chasser les mauvais esprits qui vagabondent dans l'air; elles sonnent et carillonnent en l'honneur des saints dont c'est la fête anniversaire. Elles sonnent pour annoncer le commencement des jeûnes, et elles carillonnent pour en annoncer la fin. Elles sont tellement habituées à sonner et à carillonner, qu'elles doivent sonner et carillonner toutes seules.

Au bout de cinq minutes nous arrivons à la porte d'une tour massive aux murs peinturlurés de couleurs voyantes, qui doivent représenter des fresques. Une lampe brûle devant une image de la Vierge encastrée dans la muraille. Au-dessus, l'aigle russe, qui ne ressemble guère au Saint-Esprit, déploie ses ailes et ouvre son double bec. Sous la voûte, des moines sont assis derrière une table sur laquelle sont entassés de petits pains de communion et étalées des images saintes. Un plateau destiné à recueillir les offrandes, et déjà passablement garni, fait prévoir que la recette de la journée sera bonne. Des pèlerins pauvrement vêtus, couverts de peaux de mouton déchirées, chargés d'un sac de toile, le dos courbé, la chevelure longue et inculte, s'appuyant sur leur bâton, attendent leur

(1) *Lawra* veut dire couvent fortifié; *Petschersk* (de *petschera*) signifie grotte, caverne. — On donne le nom de *Lawra* à deux autres couvents fortifiés : celui de Troïtza, près de Moscou, et celui d'Alexandre-Newski, près de Saint-Pétersbourg.

tour de baiser une sainte image et de faire inscrire sur la croûte blanche du petit pain le nom de leur femme, de leurs enfants ou de la personne qu'ils veulent spécialement recommander aux prières des moines de la Lawra. Au moment de la communion, ces petits pains sont présentés au prêtre, qui en détache avec la pointe d'une flèche d'or cinq petites parcelles qu'il met dans son calice, en commémoration des cinq plaies de Jésus-Christ.

Au bout d'une avenue d'arbres, dans une grande trouée de

L'ÉGLISE MÉTROPOLITAINE DE L'ASSOMPTION, A KIEW.

lumière, l'église métropolitaine de l'Assomption encadrait son portail illuminé de fresques, et baignait dans l'azur ses sept coupoles piquées d'étoiles, autour desquelles les dernières hirondelles nouaient et dénouaient leurs gracieuses guirlandes.

Des deux côtés de l'avenue s'élèvent, rangées à la file, de petites maisons blanches percées de deux ou trois fenêtres, avec un bout de jardin large comme une nappe, où des roses mourantes s'effeuillaient sous le souffle meurtrier de l'automne. Sur des bancs, de vieux moines en bonnet de velours, le visage encadré des ondes neigeuses de leur chevelure, leur barbe de patriarche étalée sur la

TYPES DE MOINES RUSSES.

poitrine, le corps enveloppé dans une pelisse de peau de mouton, se chauffaient au soleil, les mains inertes posées sur les genoux, les yeux ternes, sans méditation et sans pensée.

Nous entrâmes dans l'église en passant sous des échafaudages au haut desquels de petits moines occupés à restaurer une fresque semblaient perchés comme de grandes corneilles immobiles.

Sous les voûtes sombres de la vieille cathédrale une obscurité assoupie de crépuscule flottait; et au fond de la nef l'iconostase se dressait comme une muraille d'argent incrustée de pierreries; dans un triangle symbolique, un gros diamant étincelait comme l'œil de la divinité même; devant les images saintes, dont la tête et les mains apparaissaient seules sous leur revêtement d'or ou de vermeil, d'énormes chandeliers aux branches chargées de cierges brûlaient, semblables à des arbres lumineux; et, dans les enfoncements mystérieux des chapelles, les petites flammes mystiques des lampes au verre rouge faisaient songer à des cœurs enflammés d'amour divin.

De temps en temps, dernière nous, la porte du grand portail s'ouvrait, laissant brusquement entrer un flot de jour qui éclairait la pénombre d'un rayon d'aube ou d'un reflet rapide comme le frisson d'un éclair. Des groupes d'hommes et de femmes s'avançaient en se signant, en s'inclinant, et se rangeaint pour baiser en bon ordre les brunes madones aux yeux noirs, peintes toutes d'après le même type, le portrait attribué à saint Luc.

Quelques-unes de ces *panagiæ* (1) étaient surchargées et caparaçonnées de colliers, de bracelets de perles, de chapelets de corail et d'ambre, de bagues, de bijoux de haut prix envoyés en présents à l'image par de grandes dames ayant fait un vœu, par de riches héritières qui se mariaient selon leur cœur, ou par des généraux partant pour une lointaine expédition.

Quel entassement de richesses! Quel éblouissement de pierreries et d'or! Le pauvre moujik qui n'a jamais vu que les murs de bois de son isba doit avoir ici, devant ces flamboiements de l'iconostase, devant ces palpitations de pierreries et de lumières, comme une vision du paradis. Et comment ne pas croire à la puissance d'une Vierge si riche et à des saints si royalement habillés d'or et d'argent!

Les portes de l'iconostase étaient ouvertes; le service touchait à sa fin; l'officiant, dont la longue barbe descendait sur la robe de brocart ruisselante de perles, avait achevé la communion et récitait des prières auxquelles les diacres répondaient d'une voix traînante de litanie par un monotone : *Gospodi pomi-louie* (*Seigneur, ayez pitié de nous*). Il y eut encore une reprise des chœurs, et le

(1) Les *panagiæ* sont des images de la sainte Vierge ou des saints. Elles s'offrent très souvent en *ex-voto*.

rythme pathétique des vieux chants grecs roula de nouveau sous les voûtes profondes ses flots d'harmonies sublimes.

Il n'y a pas de musique religieuse plus émouvante, plus expressive que cette musique humaine sans accompagnement d'orgue, l'Église orthodoxe ne tolérant aucun instrument dans ses cérémonies. Les voix des basses exhalaient des supplications, des plaintes, et leur gamme mélancolique montait et descendait avec un bruissement de vagues, tandis que les voix des ténors éclataient plus vibrantes (1).

Une recommandation spéciale nous ouvrit les portes de la sacristie et du trésor. On nous montra dans des armoires des entassements éblouissants de reliquaires, de vases sacrés, de croix, de ciboires, de *panagiæ* d'un superbe travail byzantin, de diptyques, d'évangiles à reliure d'argent incrustée de pierreries, de crosses d'évêques et de bonnets d'igoumènes (2), un butin qui enrichirait dix cathédrales. On nous ouvrit des tiroirs où des chapes, des chasubles étalaient leurs tissus de fil d'or, leur trame qu'on dirait faite avec des rayons de lune et de soleil filés. Sur le brocart, sur le velours, sur la soie, sur le satin, tout un semis de perles fines et de pierres précieuses scintillait!

Une jeune religieuse nous avait suivis pour admirer ces merveilles. Elle regardait tout cela comme en extase. Vêtue de noir et coiffée d'un bonnet pointu comme les bonnets de magicien, ses cheveux châtains, coupés à la hauteur de la nuque, flottaient librement de chaque côté de ses joues roses comme les roses. Elle était mignonne et charmante...

En sortant, mon compagnon lui demanda d'où elle venait.

— De bien loin, répondit-elle. Mon couvent est à Moscou. Une famille m'a chargée de venir en pèlerinage aux saints tombeaux pour demander la guérison d'un enfant.

— Et vous êtes venue seule?

— Mais oui, toute seule!

— Où logez-vous?

— A l'hôtel du couvent.

— Pensez-vous rester longtemps à la Lawra?

— Encore une semaine...

Nous traversâmes la cour avec elle en causant.

En passant près du jet d'eau qui décore la cour, la religieuse s'arrêta, tira quelques kopecks de sa poche et les jeta dans le bassin.

Je lui demandai pourquoi elle faisait cela.

— C'est l'usage, me dit-elle. Tous les pèlerins qui viennent à la Lawra jettent quelques kopecks dans ce bassin. Voyez combien il y en a... Tout le fond en est couvert...

(1) Il n'y a de *soprani* que dans les églises ordinaires; dans les couvents, les moines chantent eux-mêmes à l'église.

(2) Abbés ou archimandrites, supérieurs de monastères grecs.

En nous penchant, nous aperçûmes en effet des milliers et des milliers de petites pièces blanches qui luisaient, mettant au fond de la grande coupe de pierre comme un entassement d'argent.

Chaque année, avant les premières gelées, les moines vident le bassin et recueillent pieusement avec des pelles tous ces kopecks, qu'ils portent au caissier du couvent.

L'usage de jeter des pièces de monnaie dans l'eau est traditionnel en Russie et remonte au paganisme. Chez les anciens Slaves, c'était une manière de conjurer la divinité et de se la rendre favorable.

Nous nous séparâmes de la religieuse pour visiter la boulangerie et l'imprimerie. Des frères en longues robes blanches, courbés sur des pétrins, les bras nus, la barbe enfarinée, la chevelure

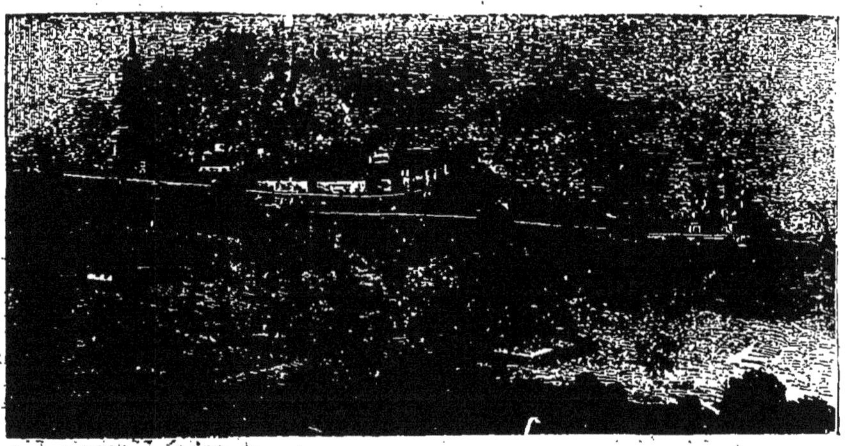

VUE DE LA LAWRA, CÔTÉ DU SUD.

comme saupoudrée de neige, travaillaient la pâte, la pétrissaient en suant et en poussant de gros soupirs. A côté, dans une cave servant de magasin, des monceaux de pains noirs, à la croûte vernissée, s'entassaient à hauteur d'homme. Le couvent donne un pain à chaque pèlerin, qui l'emporte avec lui et le mange avec les siens, en souvenir de son voyage aux saints tombeaux.

Les moines travaillent presque tous à un métier manuel en dehors des heures qui ne sont pas prises par les exercices religieux. Il y en a qui peignent, qui brassent le kvass (1), qui fabriquent des ornements d'église, de la coutellerie, de la cordonnerie, des vêtements. D'autres filent le chanvre, polissent les pierres, tannent les peaux, tricotent des bas, tressent des paniers. Ils sont aussi forgerons, ferblantiers, serruriers, charpentiers; ils élèvent

(1) Boisson russe qui tient lieu de bière: il y en a de plusieurs espèces, dont une, parfumée, agréable au goût, est très recherchée. (C. S.)

même des bestiaux, battent le beurre et font le fromage. Aussi un monastère russe est-il une véritable ville.

PÈLERIN RUSSE.

On nous permit également de visiter le réfectoire, grande salle basse sentant le moisi et le renfermé, et qu'éclairent tristement de petites vitres ternies de poussière. Des tables s'allongent devant des bancs de chêne fixés au mur. Des gobelets et des assiettes d'étain symétriquement rangés, avec un morceau de pain noir et une cuiller de bois à côté, indiquent l'heure prochaine du repas. Une grande icone éclairée par la flamme immobile et jaune d'un cierge de la grosseur d'un pilier, se dressait au milieu de la salle; et, au fond, près d'un poêle monumental, l'iconostase d'une petite chapelle domestique montrait son bariolage pieux et criard. Une porte ouverte donnait sur les cuisines, d'où s'échappaient des odeurs d'huile rance, des bruits pétillants de friture, des coups secs de vaisselle de métal et de chaudrons de fer remués, des éclats de rire d'hommes et de femmes.

Nous allâmes y jeter un coup d'œil. De jeunes moines marmitons, la figure rose, les cheveux bouclés, passaient avec des paniers ou des piles d'assiettes. Deux d'entre eux s'étaient pris de querelle et se donnaient des coups de pied. Autour d'une table énorme. reluisante d'une crasse noire, des Frères écossaient des pois et pelaient des pommes de terre, tandis que des femmes, les manches de leur robe relevées, nu-tête, armées de grands couteaux, nettoyaient des poissons secs exhalant des senteurs fades de vieux tonneau et de vieille saumure.

Près d'un fourneau, un moine au torse d'athlète, superbement campé sur ses fortes hanches, le bonnet d'astrakan sur l'oreille, son grand tablier se découpant en blanc sur sa robe noire, debout sur un escabeau, tenait une longue perche avec laquelle il remuait une espèce de boue qui cuisait dans une vaste chaudière : c'était du *cacha* (1).

Dans la pièce voisine, on distribuait déjà aux religieux qui ne prenaient pas leur repas en commun la ration ordinaire de poisson et de légumes. Ils formaient une longue file, et chacun d'eux portait dans ses mains une gamelle de fer-blanc ou un vase de bois verni de laque. Parmi ces moines, il y en avait d'affreusement déguenillés, d'horriblement sales, de jeunes, de vieux, de grands, de petits, avec des cheveux noirs ou des cheveux blonds, plats ou bouclés.

En sortant, nous vîmes des pèlerins et des mendiants qui se pressaient, affamés, au guichet d'une troisième cuisine, — il y en a une dizaine, — où des Frères leur donnaient une gamelle de soupe et du pain. Avant de manger, ils allaient à une petite fontaine faire leurs ablutions, laver leurs doigts pour les purifier de tout ce qu'ils avaient pu toucher d'impur.

Nous traversâmes ensuite une cour où des moines coupaient et sciaient du bois, et nous descendîmes un escalier qui nous mena à la porte d'une grande construction blanche. C'est là que sont installés les ateliers de peinture. Mais les moines-artistes étaient

(1) Bouillie de sarrasin.

en train de dîner, entassés dans une petite salle basse empuantie d'une violente odeur de choux aigres. Un petit moinillon, bossu, en robe noire, à l'aspect de kobold (1), présidait au repas. Il nous fit accompagner par un domestique jusqu'aux ateliers. Sur des chevalets, quelques icones étaient exposées, exécutées toutes d'après le même modèle archaïque et immuable; contre les murs se dressaient des plaques de fer enluminées d'images de grands saints raides, en robe rouge et à barbe blanche. Pas de poésie ni de réalité, pas d'art dans ces peintures mortes. L'Église orthodoxe prend toutes ses précautions pour ne pas parler aux sens. Elle prohibe les tableaux religieux à la manière de Raphaël, elle prohibe les statues et les instruments de musique. Les saints de ses images ne laissent voir que la figure, les mains et les pieds; le reste est caché par des plaques de métal doré et argenté.

Nous descendîmes encore un escalier. La vue plongeait à droite et à gauche dans un fouillis de verdure, planait sur une forêt multicolore et gaie de dômes et de clochers. Au bas de la colline, radieuse de soleil, le Dniépr déroulait la traîne de sa robe d'azur pâle. Figurez-vous les terrasses de Meudon et de Saint-Cloud, dont les beaux arbres se détacheraient sur un ciel d'une douceur italienne, et seraient entremêlés de clochers dorés, de dômes bleus ponctués d'étoiles, de blanches murailles crénelées. Ce paysage tout palpitant de lumière, égayé de vols de pigeons, avait la grâce et l'éclat d'un paysage oriental.

Nous voici sur la place, où sont groupés les boutiques d'objets pieux, l'hôtel du couvent, le restaurant et la maison de thé tenus par les moines. Notre estomac marque l'heure du déjeuner; nous entrons dans une petite bicoque où des pèlerins mangent; mais comme nous sommes habillés en « messieurs », le moine qui nous reçoit nous fait passer dans une salle réservée, dont le grand vitrage orné de fleurs donne sur la place.

Le menu du jour se compose invariablement toute l'année de deux ou trois plats maigres, accommodés à l'huile de pavot. — On nous servit un potage aux carottes, aux pommes de terre et au céleri, dans lequel nageaient des morceaux de poisson (2). On nous donna un carafon de *kvass* et un verre pour deux. Sur notre demande, on nous accorda aussi *une* serviette pour deux.

Après notre frugal repas, nous allâmes prendre le thé dans l'établissement en face. La première chose qui me frappa en entrant, ce fut un samovar (3) monumental, en pierre, comme il n'en existe peut-être pas un second dans toute la Russie; un samovar énorme,

(1) Lutin, gnome.
(2) Ce potage s'appelle *salouka*.
(3) Le samovar est la bouilloire qui sert exclusivement à faire bouillir l'eau pour le thé.

immense fourneau à eau chaude de deux mètres de hauteur, et percé d'une quantité de robinets. Les pèlerins apportent presque toujours leur thé et leur sucre avec eux; il ne leur faut que de l'eau bouillante, mais on jugera de la quantité qu'ils en absorbent, quand on saura qu'un moujik boit très facilement soixante à quatre-vingts verres de thé par jour.

Notre petite religieuse de Moscou, toujours souriante, attablée dans un coin, causait avec un militaire. Cinq ou six femmes, ayant devant elles un mouchoir dénoué dans lequel il y avait du pain et du sucre, regardaient et commentaient une gravure contre l'ivrognerie, éditée par les moines, et qu'elles avaient achetée pour « convertir » leurs maris.

VUE GÉNÉRALE DE L'EMPLACEMENT DES CATACOMBES.

Le milieu de l'image représente un fourneau de distillerie surmonté de la tête du diable et de deux têtes de monstres, la gueule ouverte. D'un côté, dans l'une de ces gueules, des moujiks, surveillés par des Juifs, versent des sacs de blé, tandis que de l'autre gueule coule à flots la funeste et pernicieuse liqueur que des hommes et des femmes reçoivent en se disputant, dans de grands verres qu'ils absorbent aussitôt. Plus loin, on les voit danser, jouer aux cartes, vendre leur touloupe (1) au Juif, puis se battre entre eux, assommer leur femme, et enfin être conduits entre deux gendarmes, les mains liées derrière le dos, à la prison, dont la façade, entourée de murs et gardée de sentinelles, se dresse dans le fond. Et les femmes et les enfants, réduits à la misère, ceux-ci en chemise,

(1) Vêtement long porté par les hommes et les femmes indistinctement.

celles-là en haillons, se groupent au bord du chemin pour demander l'aumône au Juif qui passe en carrosse à deux chevaux, mais qui ne daigne pas les regarder. — Cette grossière image est encadrée de versets et de citations bibliques.

A côté de nous, un groupe de pèlerins composé de deux hommes, de deux femmes et d'une jeune fille, prenait le thé. Mon compagnon lia conversation avec eux, et ils nous contèrent, avec cette

ENTRÉE DES CATACOMBES SUPÉRIEURES, A KIEW.

simplicité et cette bonhomie caractéristiques du paysan russe, leur long voyage. Ils venaient de Polesniki, dans le gouvernement d'Olonetsk, près de celui de Saint-Pétersbourg, sur les bords du golfe de Finlande.

A tout moment de nouveaux pèlerins arrivaient; ils se signaient, saluaient l'image sainte placée à l'angle de la salle, et allaient s'attabler. Parmi les tableaux de sainteté qui décoraient les murs, il y avait les portraits de la famille impériale, et une image odieusement coloriée représentant l'empereur d'Allemagne donnant la main droite à Alexandre II et la main gauche à l'empereur d'Autriche. Le tsar défunt est représenté avec une tête trois fois plus grosse que celle de ses augustes mais peu fidèles alliés (1).

De la maison de thé, nous passâmes dans les réfectoires des pèlerins pauvres. Deux salles immenses où les moines servent à manger à tous les visiteurs sans ressource. Il y en a là une vingtaine qui passeront au couvent tout l'hiver, la saison étant trop avancée pour qu'ils puissent se mettre en route et regagner leur village avant les grandes neiges et les grands froids. Des petites filles sont assises par terre, tenant dans leurs bras un mouchoir noué en poupée. De pauvres diables, accroupis sur des bancs, dorment; d'autres, drapés dans leurs guenilles, prient. Une vieille mendiante à la robe en loques, sa besace en bandoulière, une tire-lire de fer-blanc attachée sur la poitrine, entre et fait le tour des images accrochées au mur, baisant indistinctement les saints, la Vierge, et aussi le diable représenté sous les traits d'un Allemand en habit noir, avec un ventre énorme où grouillent des damnés.

C'est surtout au mois de juillet que les réfectoires et les vastes cours du couvent offrent un spectacle vraiment original. Les pèlerins s'y entassent par milliers. L'hôtel est bondé, l'hôpital est plein, le restaurant et la maison de thé sont envahis; et, au milieu du vacarme que font les cloches, les cris et les appels des mendiants et des estropiés, les attelages qui arrivent chargés de familles entières, on entend les psalmodies traînantes des pèlerins défilant en longue procession, tête nue, sous le soleil, dans l'aveuglant éclat de la chaleur réverbérée par tous ces grands murs blanchis.

La plupart portent sur le dos une vieille peau de mouton, sale et puante, habitée par des régiments de « cuirassiers blancs ». Leurs pieds sont à peines protégés par une chaussure de nattes qui s'effiloche; et des orteils aux ongles noirs, agrémentés d'excroissances difformes, se font jour à travers les lanières pourries et usées des écorces de bouleau. Quelques-uns sont munis d'une couverture en guenille, et portent, suspendus à la ceinture, une coupe de fer battu et un samovar.

Beaucoup sont estropiés, boiteux ou aveugles; ceux-là « gueulent » leur misère plus fort que les autres et forment des groupes hideux et repoussants. Leurs cheveux en broussailles, leurs barbes hérissées, leur bouche torse dont les canines ressortent comme les boutoirs du sanglier, leur figure brûlée, tannée par la pluie et le vent, leur aspect stupide et bestial : tout cela est impossible à peindre avec la plume. Parmi eux il y en a qui viennent des monts Ourals et des sauvages régions du Kamtschatka. On les reconnaît à leur costume et à leur type kalmouk. D'autres sont originaires de Géorgie, de Crimée ou du golfe de Finlande. Ils ont un vœu à accomplir, une guérison à demander; car les moines de Kiew, comme ceux de

(1) Il est probable que depuis le revirement de la politique russe et le rapprochement de la Russie et de la France cette image a disparu. Peut-être bien est-elle remplacée aujourd'hui par celle de l'entrevue de Cronstadt. (C. S.)

Solowetz et de Troïtsa (1), ont la réputation d'être de grands faiseurs de miracles. Mais la passion de la vie nomade, inhérente au caractère russe, entre pour beaucoup dans ce goût des lointains pèlerinages. Il y a trop peu de temps que ce peuple est fixé au sol pour qu'il ait complètement perdu ses habitudes de peuple errant.

Les vrais pèlerins, de même que les premiers Slaves qui parcoururent les immenses plaines de Russie, voyagent en bandes, le bâton à la main. Ils marchent à la file, chantant leurs tristes cantilènes, ne regardant personne, comme occupés d'une seule et unique pensée. Leur voyage dure souvent plusieurs années. Le pèlerin qui a visité Arkhangel est regardé comme un saint homme. Celui qui a couronné sa vie par un pèlerinage à Nazareth est sûr d'être bien reçu au Ciel.

Parmi les pèlerins se glissent aussi des charlatans qui font de la religion un lucratif métier. Appuyés sur leur bourdon, une gourde en bandoulière, ils parcourent les villages et vendent aux bonnes femmes crédules des objets de piété et de fausses reliques, des os de saints, des fragments du rocher de Nazareth, des parcelles de la sainte croix, des fils de la robe de la Vierge.

Nous prîmes un escalier de bois couvert pour descendre aux catacombes. Sur chaque marche, un mendiant, un estropié ou un aveugle glapissait ou geignait; il y en avait qui n'avaient pas de jambes, pas de nez, pas de bras; d'autres étalaient dans la pittoresque effronterie de leurs loques et de leurs guenilles, des jambes marbrées de plaques rouges, des pieds enflés ou rongés d'ulcères, et montraient des bouches couturées, des paupières sans cils. Une toux sèche et déchirante faisait sonner les os de leur squelette. Quelques-uns, d'une voix mourante, balbutiaient des cantiques, tenant un livre ouvert sur lequel les passants jetaient des kopecks.

Une vieille, ridée, jaunie, momifiée, découvrait en grimaçant ses tibias grêles, recouverts d'une peau tannée et grise comme un antique parchemin.

Mais, je l'ai dit, c'est en été qu'il faut voir cette clientèle de déguenillés des couvents russes. Toutes les cours de la Lawra grouillent alors de claque-dents, d'estropiés, de manchots, de culs-de-jatte. On les aperçoit par groupes, vautrés dans la poussière, rôtissant au soleil, préférant se laisser écraser plutôt que de s'écarter devant les pèlerins arrivant en bandes compactes. Et les litanies de ceux-ci, les plaintes rauques, les appels pressants de ceux-là, frappent l'air d'une musique de damnés. La nuit venue, toute cette

(1) Le couvent de Troïtsa (ou de la Trinité) est le Saint-Denis du nord de la Russie. Il est situé à 67 verstes de Moscou. « Si Kiew, dit M. Alfred Rambaud, a été le berceau de la Russie scandinave, l'empire des tsars doit sa naissance à Moscou. Kiew et Petcherski sont la Petite Russie, Moscou et Troïtsa sont la Russie. » Le monastère de Troïtsa avait, jadis, jusqu'à 106,000 serfs mâles, mais, depuis plus de cent ans, il n'a plus de sujets. (C. S.)

vermine rentre dans ses trous et ses repaires : les étables, les granges, les caves. Et le lendemain, au point du jour, on la retrouve à la même place, dans la même posture, exhalant les mêmes gémissements, poussant les mêmes brailleries et les mêmes cris de détresse.

Dans la grande confrérie de la misère humaine, le mendiant russe, ce parasite du moine, présente un type à part, une figure originale pleine de relief et de couleur. Sa chevelure inculte qui retombe sur ses yeux, l'expression de tristesse résignée empreinte sur ses traits, ses haillons sauvages, ses jambes entourées de bandelettes et ses pieds chaussés de souliers d'écorce de tilleul, lui donnent un aspect étrange qui a pour l'artiste le charme et l'imprévu de la nouveauté. Le mendiant russe n'a rien de la fierté hautaine du mendiant espagnol ; mais quel caractère dans sa physionomie barbue, et quelle couleur dans ses loques de toile !

L'AVEUGLE MARKO.

Près de l'entrée des premières catacombes, un aveugle aux longs cheveux retombant comme un voile sur le front secoua bruyamment sa sébile dès qu'il entendit nos pas. Nous nous entretînmes un instant avec lui. Il nous dit qu'il s'appelait Marko.

— Ah ! vous voulez, ajouta-t-il, que je vous conte mon malheur?... Vous êtes bien bons de vous intéresser à un pauvre homme comme moi... Je vais vous dire... Je suis né au gouvernement de Poltava, limitrophe de celui de Kiew, dans un petit bourg appelé Peschanoï... Mes parents étaient des paysans cultivateurs... Jusqu'à quinze ans, je ne fus jamais malade; et je voyais le soleil, les fleurs, les belles jeunes filles que je ne vois plus, hélas ! depuis si longtemps, si longtemps, que je ne me souviens guère comment tout cela est fait. A quinze ans je fus donc pris de maladie... Ma figure enfla et se couvrit de gros boutons pleins d'eau. Vous devez savoir comment s'appellent ces vilaines choses... On m'en a dit le nom, mais il est difficile à retenir.

TYPE DE MOUJIK.

— La variole?

— Oui, c'est ça! la variole!... Vous en voyez encore les marques sur mes joues. Oh! une terrible maladie... C'est elle qui m'a rendu aveugle. Les bonnes femmes et les sorciers n'y ont rien pu.

— Et les médecins?

— Les médecins!... Est-ce que les paysans vont consulter les médecins?... A présent, ça a peut-être changé, mais de mon temps on avait peur des médecins comme du diable et de la police... Je devins à charge à mes parents. Ils ne se gênaient guère pour me le faire sentir, et j'étais bien malheureux... Un jour, un pèlerin de passage qui s'arrêta chez nous me conseilla d'aller me fixer à la Lawra de Kiew. « Là, me dit-il, on a grand'pitié des pauvres aveugles, ils sont bien sûrs de ne pas être abandonnés et de ne pas mourir de faim! » ... Quand j'annonçai aux miens ma résolution de partir, ils en furent très contents, ils me donnèrent des provisions pour la route... Le pèlerin ne m'avait pas trompé. Il n'y a que de bonnes âmes qui viennent par ici. Et les moines sont très charitables, ils me couchent, quelquefois ils me nourrissent... J'avais trouvé un petit compagnon, un enfant perdu qui s'était attaché à moi et qui avait pris soin de moi; mais un jour ses parents sont venus à la Lawra, et ils me l'ont repris, m'accusant de l'avoir volé. Je vous demande un peu... Moi, voler!... L'affaire s'est expliquée : le petit s'était sauvé de la maison parce que sa belle-mère le battait.

— Et c'est là tout ce qui t'est arrivé de marquant dans ta vie?

— Oui, à peu près... Une fois, j'étais allé avec mon petit camarade me promener le long du Dniépr. Il faisait si chaud, et l'eau qui coule rafraîchit l'air... Nous nous étions assis au bord du fleuve... L'enfant me cueillait des fleurs... Je les aime tant, les fleurs du bon Dieu, ça me rappelle ma jeunesse!... En les sentant. il me semble que je les vois. Tout à coup une bande de chiens s'élança sur nous en aboyant. Le petit prit mon bâton et me défendit; mais nous aurions été dévorés si un ancien militaire, passant par hasard par là, n'était venu à notre secours. Il chassa les chiens à coups de pierres. C'étaient les polissons d'un village voisin qui avaient déchaîné cette meute contre nous... Depuis cette aventure, je ne suis plus sorti des murs de la Lawra.

Nous quittâmes le pauvre Marko après lui avoir fait l'aumône et nous descendîmes un escalier souterrain qui nous conduisit dans une petite chapelle, où plusieurs moines se tenaient derrière des comptoirs sur lesquels étaient entassées des piles de cierges ou rangées des fioles d'huile miraculeuse.

Nous achetâmes un cierge à un beau moine qui se prélassait, renversé dans un fauteuil; et après avoir ainsi payé notre entrée, nous nous joignîmes à un groupe de pèlerins pour visiter les catacombes.

Un frère prit la tête de la colonne.

Au bout d'une centaine de pas dans un étroit couloir, nous rencontrâmes le premier tombeau. A la lueur de nos cierges, nous aperçûmes un paquet informe couché dans un cercueil ouvert : une espèce de mannequin emmailloté dans une gaine de velours rouge, avec un bonnet enfoncé jusqu'aux épaules comme une armature de plongeur. Les mains pieusement crispées sur la poitrine sont gantées, et les pieds chaussés de bottes. On ne découvre le visage et les mains de ces saintes momies que le jour de leur fête; et une fois par an, on lave leur corps.

A mesure que nous avancions, nous rencontrions de nouveaux sarcophages placés dans des niches; mais c'étaient toujours les mêmes masses informes, que les pèlerins s'empressaient d'embrasser avec conviction, en jetant une pièce de cinq à dix kopecks sur l'inévitable plateau placé sur le corps du saint et invitant aux offrandes.

Nous passâmes devant les restes vénérés de saint Miphon, archevêque de Novogorod, de saint Antoine l'igoumène, de saint Grégoire le peintre d'icones, de saint Agapit le médecin, de saint Jérémie le voyant, de saint Onoufre le silencieux, de saint Nestor l'historien, de saint Ilia de Mouron, le vieux Kosak des chansons épiques (1).

Chaque saint a sa légende. Celle de saint Ivan nous apprend que le « grand martyr » s'était fait enterrer jusqu'à mi-corps dans sa cellule, et qu'il passa trente ans ainsi; restant des semaines entières sans manger.

On voit encore sa tête et son buste desséché sortir de terre. Mais les moines, qui ont de bons yeux, prétendent que son corps s'enfonce chaque année davantage; quand il aura tout à fait disparu, disent-ils, la fin du monde sera proche.

Plusieurs cellules sont murées. De saints anachorètes s'y enterraient vivants, ne recevant leur nourriture que par un guichet. A leur mort, les membres de la communauté venaient réciter les prières des trépassés et boucher complètement la cellule, qui se changeait ainsi en tombeau (2).

Une église aux piliers bas, de forme asiatique, s'ouvrit tout à

(1) Les chants épiques ou *bylines* en vers sans rimes, mais cadencés, survivent dans la tradition populaire, respirent l'héroïsme du passé, et se répètent encore aujourd'hui, soit dans leur forme primitive, soit dans des mélodies, des airs qui en reproduisent le rythme. Ces *bylines* n'ont rien de commun avec l'*Iliade*, le *Nibelungenlied*, le *Kalevala*, mais se rapprochent plutôt de notre *Chanson de Roland*, en ce sens qu'ils ne retracent qu'un seul épisode. Les *bylines* comprennent deux cycles : celui de Kiew, dont le héros central est le grand Vladimir, le « soleil resplendissant », délivrant la patrie de ses ennemis du dehors et du dedans; puis celui de Novgorod, décrivant la richesse commerciale de cette antique ville libre. Voir A. Rambaud, *la Russie épique*. (C. S.)

(2) Au couvent de Getsémanie, près de Moscou, il y a quelques années, les catacombes étaient encore peuplées de pieux prisonniers qui y attendaient la mort dans les ténèbres, les souffrances et la prière. En visitant ce couvent, j'ai trouvé un vieux moine qui logeait dans une cellule des catacombes; il n'en sortait que pour prendre ses repas. (V. T.).

coup devant nous; des lampes aux verres rouges tachaient les ténèbres comme des larmes de sang pleurées par un Christ invisible. Et l'on eût dit que les saints de l'iconostase s'agitaient dans l'ombre comme des spectres. Près de cette chapelle souterraine se trouve une colonne où l'on attachait autrefois les aliénés avec une chaîne de fer, — ce qui leur rendait immédiatement la raison.

— Pourquoi, demandai-je à notre guide, ne les attache-t-on plus de la sorte aujourd'hui?

— Parce que les hommes sont devenus trop méchants, et que Dieu ne fait plus de miracles.

Notre pèlerinage eût été incomplet si nous n'avions pas aussi été visiter les catacombes « éloignées », dédiées à saint Antoine. On descend encore, par un escalier, jusqu'au pied de la montagne que baigne le Dniépr. Chemin faisant, on rencontre deux puits dont l'eau est sacrée, et un arbre qui, dit-on, a été planté par saint Antoine. Pauvre arbre miraculeux! Si sa sainteté le faisait au moins respecter! Mais les pèlerins, pour en emporter quelques parcelles comme un talisman qui conserve la santé, déchirent son écorce avec les dents. — Les pieux larcins ne s'arrêtent même pas toujours là. Une fois, un habitant du gouvernement de Kiew, dont la femme était malade, persuadé qu'elle guérirait si elle pouvait toucher une relique, entra dans les catacombes, et, en baisant les mains d'un corps saint, lui enleva avec les dents un doigt, qu'il cacha dans sa bouche.

Son vol fut découvert; on l'envoya en Sibérie.

Les sacrilèges ne trouvent jamais grâce devant les juges russes.

Victor Tissot.

UN MOINE.

www.ingramcontent.com/pod-product-compliance
Ingram Content Group UK Ltd.
Pitfield, Milton Keynes, MK11 3LW, UK
UKHW012124240726
13965UKWH00005B/1966

9 782013 077354